P
STOP
STOP
ARRIVÉE

Dépôt légal : juin 2014
ISBN : 979-10-235-0304-3
Loi 49-956 du 16 juillet 1949 sur les publications destinées à la jeunesse.

Imprimé en France
www.seuil.com

MALONE & BOUDGOURD

LE CODE DE LA DÉROUTE

L'OURS qui pètE
au Seuil Jeunesse

01 QUAND VOUS PARTEZ EN VACANCES

A Ta maman attend que tout le monde se réveille et te prépare un bon petit-déjeuner.

B Ton papa appelle de la voiture à cinq heures du matin pour dire qu'il vous attend.

C Tu te caches très loin sous ta couette en espérant que c'est un cauchemar.

02 IL N'Y A PAS ASSEZ DE PLACE DANS LE COFFRE

A Ton papa ne comprend pas ! Lui il n'emporte qu'un jean et un tee-shirt !

B Ta maman décharge les bagages puis les range par taille, en commençant par le petit sac vert.

C Tu aides en apportant la piscine.

03 AVANT DE DÉMARRER LA VOITURE

A Ton papa attache sa ceinture de sécurité et détache sa ceinture de pantalon.

B Ta maman vérifie qu'il y a bien des sacs à vomi.

C Tu vérifies que tu as bien ton lecteur mp3, ton casque, l'ordinateur et les DVD.

04 LES PIÉTONS ONT LA PRIORITÉ

A Non. Ton papa dit que les piétons c'est des zombies et qu'il faut leur rouler sur la tête.

B Oui. Ta maman dit qu'il faut être patient et ne pas dire des horreurs devant les enfants.

C Oui ou non. Tu t'en fiches. Pour toi, c'est que toi qui as la priorité.

05 QUELLE DIRECTION ALLEZ-VOUS PRENDRE ?

A Pas à droite, ce serait trop facile.

B À gauche. Ton papa ne peut pas résister à un magasin de bricolage, c'est comme une drogue.

C Là aussi tu t'en fiches. Tu veux juste dormir tranquille !

06 AU FEU ROUGE

A Ton papa est en pole position pour le Grand Prix de F1.

B Ta maman se cache parce qu'elle a honte de ton papa.

C Tu espères pour la tête du piéton-zombie qu'il aura traversé avant que le feu passe au vert.

07 VOUS VOUS ENGAGEZ SUR UN CARREFOUR GIRATOIRE

A Ta maman soupire et sort un sac à vomi.

B Ton papa fait quinze fois le tour en chantant et dit que ça lui rappelle les vinyles de quand il était petit.

C Tu montes le volume dans ton casque et tu fermes les yeux.

08 VOUS ÊTES COINCÉS DANS UN EMBOUTEILLAGE

A Ta maman fait semblant de lire un magazine comme si c'était super passionnant.

B Ton papa applaudit : « Bravo et merci d'avoir traîné au lit et pris une douche comme si ça servait à quelque chose de se laver et que maintenant on est dans le caca du chassé-croisé des vacanciers, merci ! »

C Ouf, les DVD sont bien dans les boîtes !

A Vous pouvez doubler parce
que vous avez une voiture rouge.

B Il faut se coiffer et sourire,
vous allez bientôt être pris en photo.

C Vous allez tourner à gauche.

D Attention zombies !

LE VRAI SENS DES PANNEAUX (1)

09 LA BANDE D'ARRÊT D'URGENCE

A Est réservée exclusivement aux services d'urgence, pompiers, gendarmes et ambulances.

B Est réservée exclusivement aux services d'urgence et aux familles qui ont un papa assez futé pour acheter un gyrophare sur Internet.

10 LA DISTANCE DE SÉCURITÉ C'EST

A La distance qui inquiète assez les voitures devant vous pour qu'elles se poussent et que ton papa puisse les doubler en toute sécurité.

B La distance que ton papa peut parcourir en toute sécurité derrière la voiture du président de la République.

A

B

11 ON PEUT DOUBLER LE CAMION

A Non. Si c'est ta maman qui conduit, c'est beaucoup trop dangereux !

B Oui. Si c'est ton papa qui conduit, aucun risque, on voit très bien !

12 VOUS ENTREZ DANS UN TUNNEL

A Tu imagines les machines de dingue qu'il faut pour creuser les tunnels.

B Ton papa dit « Pas cape de retenir ta respiration jusqu'à la sortie » et il vérifie dans le rétroviseur.

13 POUR SORTIR DE L'AUTOROUTE

A Ta maman dit qu'il faut tourner à droite. C'est marqué sur le panneau.

B Ton papa dit qu'il faut aller tout droit. Personne ne va tout droit et comme ça on est sûrs d'éviter les embouteillages.

14 VOUS ÊTES SUR UN ITINÉRAIRE BIS

A Tu dis que c'est quand même bizarre qu'il n'y ait jamais personne sur cette route.

B Tout le monde dans la voiture est un peu inquiet parce que la dame du GPS dit qu'il reste 9 654 kilomètres avant destination.

15 CE PANNEAU VOUS CONCERNE

A Non. Ton papa roule à beaucoup plus que 70km/h.

B Pas du tout. C'est facile de voir que ce panneau concerne les vaches.

16 L'ACCÈS EST INTERDIT

A Oui. Vous auriez dû tourner à droite pour sortir de l'autoroute comme ta maman avait dit.

B Oui et non. C'est interdit aux motos et aux voitures d'accord, mais comme le dessin ne ressemble pas exactement à votre voiture, c'est bon, vous pouvez y aller.

17 VOUS TRAVERSEZ UNE NAPPE DE BROUILLARD

A Ton papa raconte des films d'horreur qui se passent dans le brouillard.
(Il en a vu plein et des vraiment terribles avec du sang qui gicle partout et des tripes à l'air) !

B C'est trop cool.

A À droite, à gauche, au milieu,
sur le trottoir et sur le chien des voisins.

B Sur les places où on voit le dessin
avec ton papa assis aux cabinets.

LE STATIONNEMENT EST AUTORISÉ

18 UNE DISPUTE ÉCLATE SUR LA BANQUETTE ARRIÈRE

A Ton papa demande en souriant à ta maman si elle se souvient de «l'époque bénie» où ils n'avaient pas encore d'enfants et ta maman devient très très jolie.

B Ta maman montre le panneau à droite et la dispute s'arrête tout de suite comme par miracle.

19 LA PISTE CYCLABLE

A Est réservée exclusivement aux vélos.

B Est autorisée aux voitures qui roulent comme les vélos.

C Est très jolie merci.

A On ne s'arrête pas

B On ne s'arrête pas

C On ne s'arrête pas

D On va peut-être s'arrêter

LE VRAI SENS DES PANNEAUX (2)

20 VOUS AURIEZ DÛ TOURNER À DROITE

A Oui, oui, oui et oui!

B Non. Ton papa dit que ca n'avait pas l'air très sympa à droite et qu'en plus il y a une station service mortelle géniale dans seulement 187 kilomètres.

21 VOUS ROULEZ EN MARCHE ARRIÈRE

A Ta maman signale calmement qu'en plus on roule en sens interdit.

B Ton papa prend sa tête à la James Bond et une tête encore plus rigolote après quand on renverse toutes les poubelles.

C Ton papa est formidable !

22 VOTRE VOITURE CIRCULE

A Sur une route pourrie, derrière un tracteur pourri, dans une campagne pourrie.

B La voiture circule parce que ton papa a la gentillesse de la conduire pour emmener toute la famille en vacances dans une maison de rêve et tu ferais bien d'arrêter de râler et d'en profiter pour regarder autre chose que des DVD et respirer le bon air pour une fois que ça sent autre chose que la pollution, les vieux prouts ou le vomi.

A Le monsieur de la Sécurité routière
a compris l'ennui des voyages en voiture.

B Dans tes rêves !

D Ta maman va dire à ton papa qu'il ferait
mieux de vous laisser tous à la gare
et de partir en vacances avec sa dame
du GPS chérie.

C Les yeux de ton papa
après dix heures de route.

LE VRAI SENS DES PANNEAUX (3)

23 VOUS AVEZ PERDU UNE ROUE

A Ton papa dit un gros mot parce qu'il se souvient que la roue de secours est restée dans le garage derrière le barbecue. Ta maman dit que c'est pas bien de dire des gros mots devant les enfants. Ton papa dit un autre mot encore plus gros et du coup plus personne ne pense à la roue.

B Ta maman explique qu'il y a plein de gens qui n'ont qu'une jambe ou qu'un bras ou qu'un œil et qu'on a déjà beaucoup de chance d'avoir encore trois roues.

24 LE PONT EST FERMÉ À LA CIRCULATION

A Ta maman dit avec un sourire malin que la dame du GPS chérie s'est peut-être trompée.

B Ton papa dit que la dame du GPS a raison, c'est la route qui s'est trompée.

A De crier «Pipi!», ou «J'ai faim!», ou «Quand est-ce qu'on arrive?».

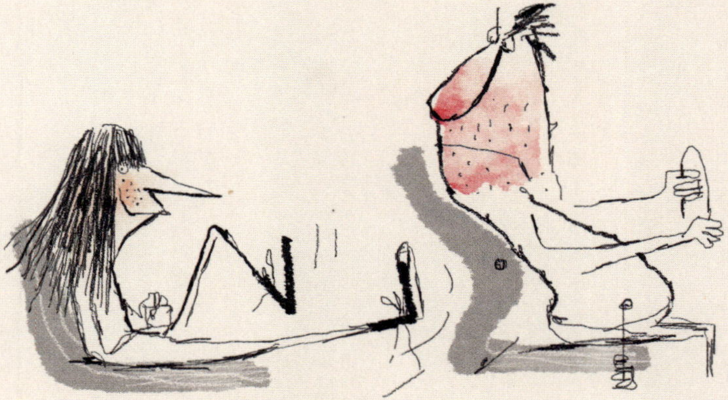

B De taper avec les pieds dans le siège avant jusqu'à ce que ton papa pique une crise.

C Le chewing-gum collé sur les sièges.

D Le bruit du bitoniau du verrouillage des portes qui monte et qui descend.

PLANCHE ÇA VOUS AMUSE (première partie)

25 VOUS ÊTES PERDUS AU BEAU MILIEU DE NULLE PART

A Ton papa vous rassure : on n'est pas perdus. C'est juste que la dame du GPS était réglée sur *Alaska*.

B Tu rêves de faire de la méga luge avec la piscine.

C Ta maman ferait mieux de mettre ses lunettes parce que là elle parle à un ours.

26 VOUS RENCONTREZ UN OBSTACLE IMPRÉVU

A Ta maman explique que heureusement l'imprévu est prévu avec l'ABS .

B Ton papa explique que quand c'est trop tard pour freiner le mieux c'est d'accélérer à fond. C'est un copain qui fait du rallye qui lui a expliqué le truc.

A Quand ça monte et ça descend, que ça fait bizarre dans le ventre
et que tout le monde rigole dans la voiture. (Sauf ta maman qui cherche le sac à vomi).

B Quand ça descend beaucoup et que ton papa dit
qu'il va falloir freiner avec les pieds.

C Quand ça monte beaucoup et que ton papa
dit qu'il faut ramer comme les galériens dans *Ben-Hur.*

PLANCHE ÇA VOUS AMUSE (deuxième partie)

27 DERRIÈRE UNE VOITURE QUI ROULE NORMALEMENT

A Ton papa fait des appels de phares et dit que c'est à cause de gens comme ça qu'il y a des accidents. Il parie que c'est soit un papy soit une nana soit il préfère pas le dire.

B Ta maman aimerait être dans la voiture de devant avec le monsieur de devant qui a l'air gentil et normal et charmant en plus.

28 VOUS VOUS ARRÊTEZ POUR DÉJEUNER

A Ta maman explique à ton papa qu'elle a préparé un pique-nique qui est dans du papier alu dans un sachet plastique dans le petit sac vert dans le coffre tout au fond.

B Ton papa trouve le petit sac vert sous les valises avec des sandwichs au pâté, des crèmes de gruyère et des bananes écrasés dans le papier alu et décide que finalement vous n'avez pas faim.

29 VOUS AVEZ OUBLIÉ LE CHAT

A Ta maman dit qu'il faut absolument faire demi-tour.

B Ton papa dit qu'il a vu à la télé que les chats savent très bien retrouver leur chemin tout seul et que si c'était le chat qui vous avait oubliés, il ne ferait sûrement pas demi-tour, lui.

C Tu demandes si vous pouvez manger les croquettes du coup.

30 VOUS CIRCULEZ DERRIÈRE DES DEUX-ROUES

A Ton papa fait celui qui est pote avec les motards et ça fait sourire ta maman.

B Ton papa raconte sa moto d'avant, la road sixtisix, les quatre cylindres en V qui déchirent, la liberté, et comment il a renoncé à tout ça pour fonder une famille.

C Tu veux une moto pour Noël et ta maman dit pas question. Ton papa sourit.

31 IL PLEUT

A Tu essaies de suivre les gouttes qui coulent sur les vitres et le pare-brise.

B Ta maman aimerait qu'on arrête de faire des zigzags pour rouler dans les flaques et elle sort un sac à vomi.

C Ton papa est en tête de la traversée de l'Atlantique en solitaire et vous êtes des passagers clandestins.

32 LA TEMPÉRATURE EXTÉRIEURE EST NÉGATIVE

A Ta maman conseille de ralentir à cause du verglas. À la radio ils parlent de carambolages.

B Ton papa fait une démonstration de conduite sur glace. Un autre truc du copain des rallyes.

A On ne peut pas s’évader de la voiture, même si on creuse un tunnel.

B Le monsieur de la Sécurité routière n’a pas compris que ton papa ne peut pas voir ce panneau qui lui demande de mettre ses lunettes puisque justement ton papa ne porte pas ses lunettes.

C Si le monsieur de la Sécurité routière connaissait mieux ton papa il aurait écrit : PAS STOP !

D Attention : Vomi sur 15 km !

LE VRAI SENS DES PANNEAUX (4)

33 VOUS JETEZ UN OBJET SUR LA VOIE PUBLIQUE

A Ta maman dit que c'est lamentable et qu'un chewing-gum met environ cinq ans à se dégrader.

B Tu dis « Bien joué papa ! En plein dans le nez du gendarme à moto ! ».

34 À LA STATION SERVICE

A Ton papa essaie de battre son record de plein en une minute cinquante six secondes.

B Ta maman dit qu'on n'est pas censés faire le plein de bonbons ! Et que vous allez être malade !

C Tu descends de la voiture pour faire pipi mais il faut que tu sois de retour dans une minute cinquante-six secondes maximum sinon tant pis pour toi, la voiture sera partie.

35 DANS CETTE SITUATION

- **A** Ton papa compte jusqu'à cent avant de vous chercher parce qu'il croit que vous jouez à cache-cache.
- **B** Ta maman dit que c'est gentil parce que vous êtes bien sage depuis la station-service.
- **C** Ton papa et ta maman se rendent compte tout à coup que c'est beaucoup trop calme dans la voiture depuis la station-service.

36 VOUS ÊTES ARRÊTÉS PAR LE GENDARME À MOTO DE TOUT À L'HEURE

A Ton papa demande à ta maman de mettre beaucoup de rouge à lèvres.

B Ta maman demande au gendarme de faire attention à ne pas jeter son chewing-gum n'importe où parce que ça met cinq ans à se dégrader.

C Tu demandes au gendarme s'il peut te prêter sa moto. Ton papa sourit.

37 VOUS SOUFFREZ DU MAL DES TRANSPORTS

A Ta maman dit que c'est tant pis pour vous et qu'elle vous avait bien prévenus à la station service.

B Tu proposes de jouer à «Devine ce qu'il y a dans le vomi».

C Ton papa arrête la voiture sur la bande d'arrêt d'urgence et s'en va pour toujours.

38 QUELQU'UN A PÉTÉ

A Ton papa demande qui a pété, et après il rote et il rigole.

B Ta maman dit que c'est les choux-fleurs dehors… sauf que dehors il n'y a pas de choux-fleurs.

C Tu ne respires plus que par les oreilles.

39 VOUS AVEZ BESOIN D'AIR

A Ta maman te demande de vite remonter la vitre, c'est hyper dangereux !

B Ton papa est tout triste parce qu'il se souvient qu'avant c'était lui qui passait la tête par la fenêtre. Du coup il raconte toute sa vie depuis avant sa naissance, quand sa grand-mère allait à l'école communale en brouette dans son petit village en Auvergne.

40 POUR ÉVITER DE S'ENDORMIR AU VOLANT

A Ton papa devrait commencer par ne pas conduire dix heures sans s'arrêter du tout (sauf les une minute cinquante-six secondes de la station service).

B Ton papa devrait passer le volant à ta maman, même si ça fait baisser la moyenne.

C Ton papa devrait vendre la voiture avec vous dedans et peut-être aller vivre à l'hôtel dans les îles ! Et ton papa ajoute que c'est ce qui va se passer tout de suite si on lui dit encore une fois ce qu'il doit faire avec son volant !

41 UTILISER UN LECTEUR DVD PEUT PERTURBER LA CONDUITE

A Oui parce que ton papa ne peut pas regarder le film en conduisant et il n'y a pas de raison que tout le monde s'éclate pendant que lui il se tape les embouteillages du chassé-croisé des vacanciers !

42 VOUS CHANGEZ DE CONDUCTEUR

A Ton papa pense à tous les films catastrophe qu'il a vus, (les fins surtout).

B Tu adoptes la position crash imminent.

A Poids minimum des blagues
de ton papa.

B Attention nichons !
(Une des blagues préférées de ton papa).

C On peut péter ! (Autre blague).

D Ton Papa et ta maman discutent
à cause du poids des blagues.

LE VRAI SENS DES PANNEAUX (5)

43 VOUS VOULEZ DE LA MUSIQUE

A Ton papa ne met que des CD du Roi des Papas.

B Ton papa se vexe parce que vous lui demandez de passer autre chose que les CD du Roi des Papas.

C Ta maman fait semblant de mettre un des CD que vous avez apportés mais en fait elle met un CD du Roi des Papas parce qu'elle ne veut pas avoir d'histoires avec ton papa.

A Le roi du silence

B Chat perché

C Un, deux, trois, soleil

D Devine qui c'est

LES JEUX EN VOITURE

44 UNE VOITURE VOUS DOUBLE

A Ta maman dit qu'il y en a qui se fichent vraiment des limitations de vitesse et qu'on devrait les mettre en prison !

B C'est la Troisième Guerre mondiale !

A Le robot transformer écrasé.

B L’ours des Pyrénées écrasé (valable seulement dans les Pyrénées).

C La poupée écrasée.

D Le hérisson écrasé (un classique).

PLANCHE LES ANIMAUX DE LA ROUTE

45 EN CONDUITE ACCOMPAGNÉE

A Tu touches et tu regardes tout, sauf la route.

B Ta maman est toute émue de voir que tu commets déjà presqu'autant d'infractions au code de la route que ton papa.

46 IL FAUT S'HYDRATER RÉGULIÈREMENT

A Oui. C'est pour ca que ton papa fait des gargarismes avec la dernière goutte d'eau minérale.

B Non. Il faut au moins deux semaines pour mourir de soif et là on ne roule que depuis dix heures.

C Oui et non. Pas question de boire le Coca c'est mauvais pour vous, il faut boire de l'eau minérale !

47 VOUS ÊTES ENCORE COINCÉS DANS UN BOUCHON

A La dame du GPS dit « Faites demi-tour ! » alors ton papa fait demi-tour et vous vous retrouvez coincés dans un autre bouchon, et dans le mauvais sens.

B Ton papa se transforme en loup-garou.

C C'est la cata, il n'y a plus de batterie dans ton ordinateur. Fin des DVD !

48 VOUS ARRIVEZ À DESTINATION

A Ta maman découvre la maison que ton papa a louée et elle pleure.

B Ton papa dit que ca ne ressemble pas aux photos d'Internet d'accord mais que dedans ca doit pas être si mal.

C Tu aides en disant que tu passeras le reste des vacances dans la piscine.

STOP

LES SOLUTIONS DU TEST

LES BONNES RÉPONSES À TOUTES LES QUESTIONS SONT A ou B ou C

TU AS BIEN RÉPONDU A ou B ou C À PRESQUE TOUTES LES QUESTIONS

Bravo ! Tu peux être tiré(e) au sort* parmi les cinq cent millions de lecteurs et lectrices qui ont aussi répondu « A » ou « B » ou « C » à presque toutes les questions et peut-être gagner rien du tout, parce que si tu as pu lire ce livre ça veut dire que tu es déjà bien assez gâté(e) comme ça.

Pour multiplier tes chances de rien gagner par mille, envoie par SMS « je t'aime, merci pour ce merveilleux livre génial » à ta maman et ton papa, (prix d'un SMS familial).

TU AS RÉPONDU D'AUTRES LETTRES QUE A ou B ou C

Bravo ! Recommence tout de suite ce test en n'oubliant pas de mettre tes lunettes !

TU AS RÉPONDU K et K

Bravo ! Maintenant il faut vite que tu ailles aux toilettes.

! TU N'AS RIEN RÉPONDU DU TOUT

Bravo ! Tu étais trop occupé(e) à rigoler ou alors n'as pas pu répondre parce que tu vomis toujours quand tu lis en voiture et que du coup les dessins et les questions sont sous ton vomi, c'est très bien ! Tu as réussi le test et tu peux être tiré(e) au sort* comme ceux et celles qui ont bien répondu « A » ou « B » ou « C » à toutes les questions.

TU AS UNE MAJORITÉ D'★, DE ■ OU DE ▲

Bravo ! Tu as fait un autre test, dans un autre livre ou un magazine, et je te signale que tes réponses ne sont pas valables pour mon test. C'est un peu comme des faux papiers avec les gendarmes et tu risques la prison à vie enfermé(e) avec des tueurs en série et des patrons du CAC 40.

TU VIENS D'OUVRIR CE LIVRE

Bravo ! Et si tu tombes directement sur cette page, ne regarde pas les solutions ! Sinon c'est gâché.

TU N'ES PAS EN TRAIN DE LIRE CE LIVRE

Bravo ! Du coup je me demande vraiment comment tu fais pour savoir ce que j'écris.

TU PATALI PATALA PROUT PROUT ou BOUZI BOUZA ou CACA D'OIE

Bravo ! Tu as gagné un voyage autour du monde en girafe ! Va vite chercher les clefs de la voiture et passe me prendre devant l'asile. Tu me reconnaîtras facilement, je suis en train de promener ma brosse à dents.

TU EN AS UN PEU ASSEZ DE CE TEST ET TU AIMERAIS BIEN QUE CE SOIT FINI

Bravo ! Tu as raison, moi aussi.

** Tirage au sort réalisé par une sorcière, soumis à conditions, strictement réservé aux garçons nés avant 1959 avec un gros avantage pour ceux qui se prénomment Vincent*

QUESTION SUBSIDIAIRE TON PAPA A REÇU UNE LETTRE 48S1 L'INFORMANT QU'IL N'A PLUS DE POINTS SUR SON PERMIS

A C'est impossible. Ton papa dit toujours aux gendarmes que c'est ta maman qui conduit. Du coup c'est forcément ta maman qui reçoit la lettre 48S1.

DÉPART
5,5t
STOP